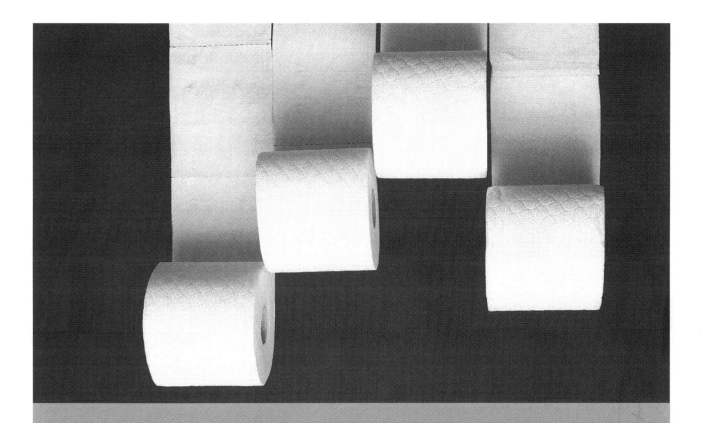

COSE DA FARE MENTRE FAI LA CACCA

– vol. 2 –

Questo libro appartiene a:

_____

SOMMARIO

Rompicapo di matematica 3

Trova le differenze 9

Sudoku 17

Trova le parole 45

Cruciverba 61

Labirinti 67

Trova le sequenze 75

Quiz 79

Soluzioni 83

Aiutaci a far crescere il nostro brand! 100

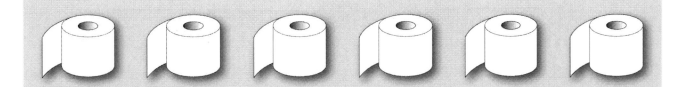

ROMPICAPO DI MATEMATICA

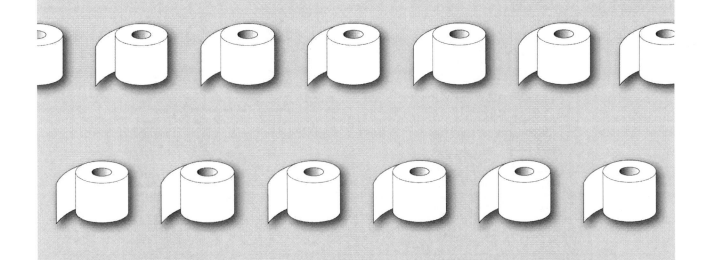

 Lezione di storia. Il maestro chiede a Pierino: "Pierino, dimmi chi erano gli antichi Galli!"
Pierino: "Gli antichi galli! gli antichi galli! erano i padri degli antichi pulcini!"

Gioco 1

Trova il simbolo matematico esatto per completare l'operazione senza muovere l'ordine delle cifre:

1253=636	x	1303= 43,3		6548=3120		74..16=90	
1236=738		54810=5480		8752= 437,5		14..73=441	
155129= 284		62125= 596		244=6		3212=642	
9993=333		3572=714		1266=756		5555=111	

Soluzione a pag. 84

Gioco 2

Trova i simboli matematici esatti per completare l'operazione senza muovere l'ordine delle cifre:

25615025=173	x ; +	1233413=123		9999100856=952	
23102=460		3512315819=139		88652826=502	
626=18		1610016002=800		362183=54	
361053=307		5222623=598		418226=132	

Soluzione a pag. 84

Gioco 3

Calcola i perimetri dei seguenti poligoni regolari utilizzando le misure che vedi indicate:

Soluzione a pag. 84

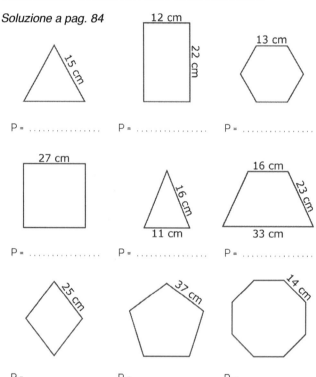

P = ... P = ... P = ...

P = ... P = ... P = ...

P = ... P = ... P = ...

Gioco 4

20	4	22
12	8	?
14	0	14

Abbiamo tre righe di numeri. Per capire quel è il numero che completa la seconda sequenza bisogna analizzare le altre due. Sapendo che il numero al centro non è il doppio della differenza tra gli altri due numeri. La risposta esatta è ?

A) 20   B) 12
C) 16   D) 10

Soluzione a pag. 84

Gioco 5

Una pasticceria di dolci ha creato una nuova torta costituita da tre diversi strati: il primo alla crema, il secondo al cioccolato e il terzo alla panna. Quanti diversi tipi di torte si possono fabbricare, cambiando l'ordine dei tre strati?

Soluzione a pag. 84

Gioco 6

		-		66
+	x	-		=
13	12	11		10
x	+	+		-
:	+		x	:

Soluzione a pag. 84

Gioco 7

Quante volte Viola può raccogliere un fiore da un giardino che ne contiene 100?

A. una volta

B. 100 volte

C. 99 volte

Soluzione a pag. 84

Gioco 8

Riempite le caselle libere della griglia in figura con numeri interi in modo che in ogni riga, in ogni colonna e in ognuna delle due diagonali il numero di mezzo sia la media aritmetica di quelli ai suoi estremi.

	12	
		8

Quanti modi diversi avete per farlo?

Soluzione a pag. 84

Gioco 9

Utilizzando le quattro operazioni matematiche come si può ottenere 1000 usando 8 volte la cifra 8?

Soluzione a pag. 84

ADDING MADNESS

Soluzioni a pag. 95

Devi inserire i numeri al posto giusto, in modo che la somma delle colonne e delle righe sia uguale al numero nei campi di colore scuro.

Schema 1

	184	238	153	244	284	
263						263
153		39				153
185				5	98	185
227		27				227
275						275
	184	238	153	244	284	

9 97 77 35 30 46 24 28 50 7 84
71 4 9 58 78 2 18 27 96 84

Schema 2

	290	333	281	283	279	
396						396
240						240
166			11		58	166
345						345
319			95			319
	290	333	281	283	279	

21 18 45 65 87 65 34 12 69 59 91
50 77 44 64 75 84 78 45 95 81 43

Schema 1

	296	347	354	321	297	
399						399
352	69					352
301						301
238	35					238
325				46		325
	296	347	354	321	297	

70 47 81 79 28 45 92 71 82 46 98
34 53 70 96 72 88 85 70 64 35 59

Schema 2

	228	309	218	196	192	
219						219
188						188
226				51		226
278		12				278
232			86			232
	228	309	218	196	192	

89 66 67 26 11 59 18 20 15 81 68
19 73 57 11 9 48 99 5 14 74 65

TROVA LE DIFFERENZE

TROVA 9 DIFFERENZE

Gioco 10

Soluzione a pag. 85

TROVA 9 DIFFERENZE

Gioco 11

Soluzione a pag. 85

Gioco 12

Soluzione a pag. 85

TROVA 10 DIFFERENZE

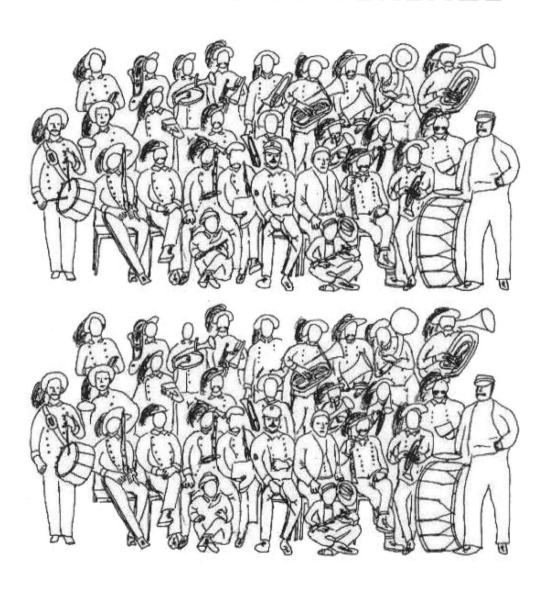

Gioco 13

Soluzione a pag. 85

TROVA 7 DIFFERENZE

Una signora telefona al Dottore e dice: "Dottore Dottore mio figlio ha mangiato 1 Euro, lei pensa che morirà?" e il Dottore risponde: "Signora in Italia si sono mangiati miliardi e ancora sono tutti vivi".

Gioco 14

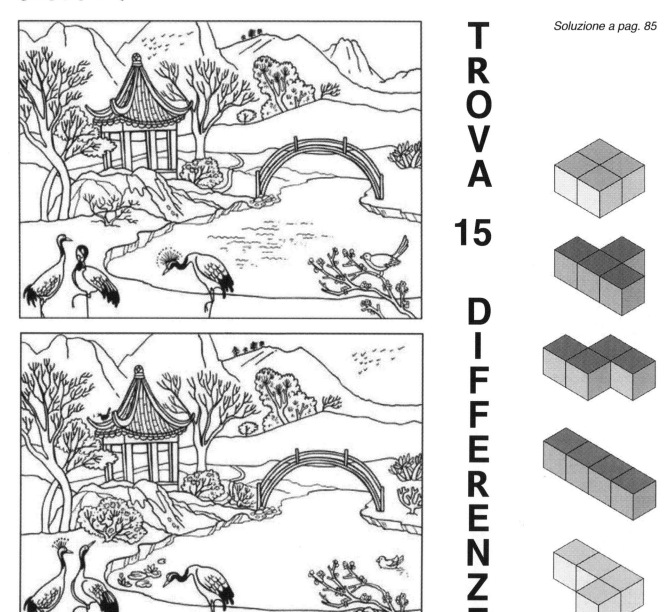

Soluzione a pag. 85

TROVA 15 DIFFERENZE

Gioco 15

Soluzione a pag. 85

TROVA 8 DIFFERENZE

Quale è il colmo per un tarlo?
Rispettare le credenze antiche...

La più famosa serial killer di mariti.

Giulia Tofana, bellissima donna palermitana, uccise più di 600 uomini in Italia grazie a una pozione creata dalla zia e perfezionata da lei stessa.

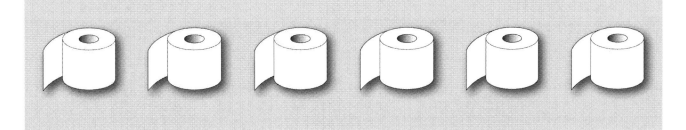

SUDOKU

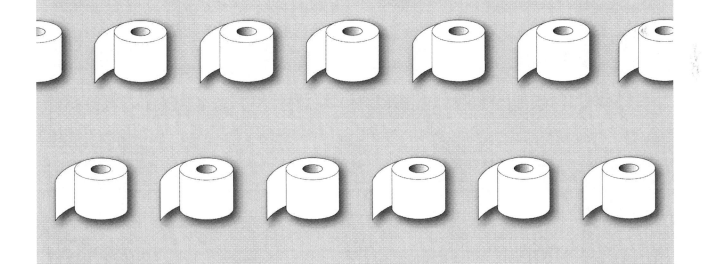

Sudoku 1

		5						
			8		1		6	
2			4			7		
	5				8			
				7				3
		3			4	9		
5	6							
9					6			
	2			6		9	3	

Sudoku 2

8				5		3		
			3		6			
		2						9
4	5		7					
6								3
				1			5	4
9					6			
	2		8					
	3	1				4		

Sudoku 3

	5		1					
					6	7	5	1
				2				8
8		7						
		5				3		
						2		4
2				7				
1		3	8	5				
					1		4	

Soluzioni a pag. 86

Ho visto un atleta mangiare due primi, tre secondi e...
... quattro decimi!

Double Doku 1

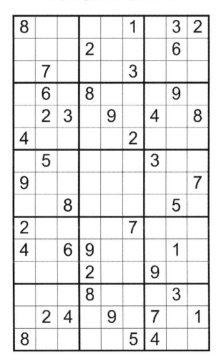

Double Doku 2

Double Doku 3

Soluzioni a pag.92

Double Doku 4

	3		4					
		2		9				
	4				5		7	
2				3	4	8		
	4		2					9
	9		8	4		5	3	
						8	2	
		2		9		7		
	8	6						
9	4		6	1		2		
7				2		3		
	5	1	7					9
			2		9			
				6		4		
	2		8			6		

Double Doku 5

		9	4			3		
5	7			2			9	
	6	2	3			5	8	
						3	2	
	3				8		1	
		6			8			
8	1							
3			9			2		
			1	3				
		3	6		1			4
2			4	7	1		6	
6				2		3		
	6				9			7
							3	2
4					6			

Double Doku 6

					6		8	
		3	4					
	4			5				6
2	9		7		3			
		7			4		1	
	8	3		6	2		4	
6	5							
4					3		7	
							5	4
8				4	3			
	4	1					8	5
3			8		5	1		9
1				8				
	8		9					7
		3	4					

Soluzioni a pag. 92

La torcia olimpica.

La fiamma olimpica risale all'antica Grecia. Essa veniva tenuta accesa per tutto il periodo di svolgimento dei giochi. Da allora fa parte del cerimoniale delle Olimpiadi moderne.

Napolitano a Papa Francesco: "Francè mi puoi dire un discorso che devo fare all'Italia, breve e conciso?"
Papa Francesco: "l'Italia è finita, andate in pace, Amen".

Triple Doku 1

Triple Doku 2

Triple Doku 3

Soluzioni a pag. 87

Un siciliano va dal medico: "Dottore, me la faccio sotto tutte le notti!" Il dottore: "Incontinente?" e il paziente: "No, no, qui a Catania".

Soluzioni a pag. 87/88

Due impiegati nel giorno di paga, uno dice all'altro: "ieri al mercato, per inaugurare lo stipendio di oggi, ho acquistato un portafoglio di pelle di fica per metterci sto stipendio del cazzo".

Soluzioni a pag. 88

Nei paesi musulmani i ladri sono "amputati", in Finlandia sono "imputati" ed in Italia sono "deputati!"

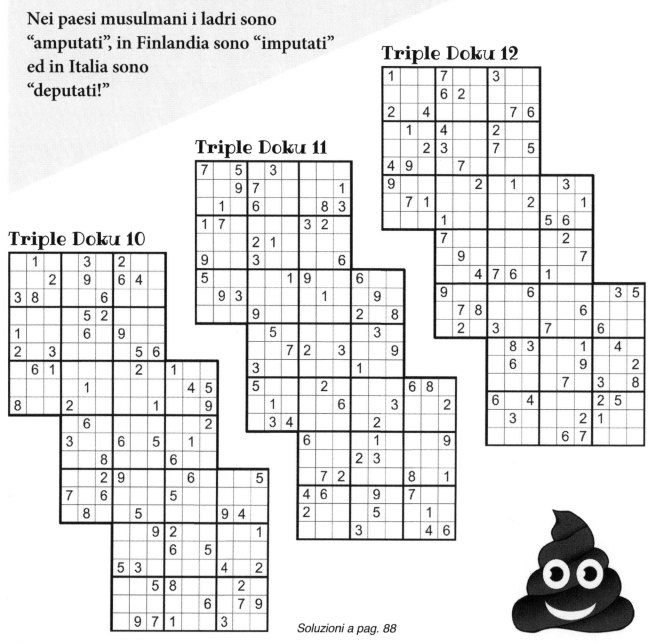

Triple Doku 10

Triple Doku 11

Triple Doku 12

Soluzioni a pag. 88

Nuove discipline olimpiche.

Sono state 6 le nuove discipline olimpiche che hanno preso parte ai Giochi olimpici del 2021: karate, skateboard, arrampicata sportiva, surf, basket 3 contro 3 e baseball/softball.

Triple Doku 13

Triple Doku 14

Soluzioni a pag. 89

Cosa disse Clinton dopo aver proclamato al comizio che bisogna stringere i denti per i tempi duri?
Aaahhhh nooooooo, tu Monica noooo.

Triple Doku 15

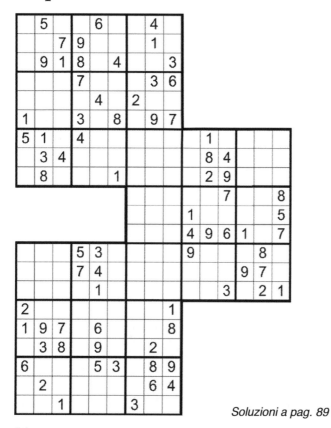

Triple Doku 16

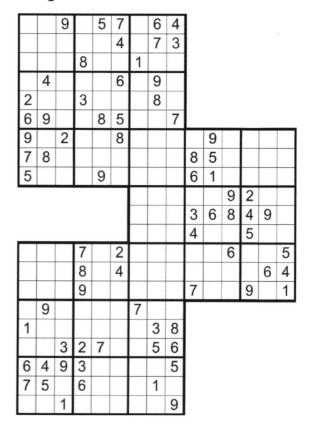

Soluzioni a pag. 89

Triple Doku 17

Triple Doku 18

Soluzioni a pag. 89

Come si chiama una prostituta russa?

Vagina Seminova....e una greca?

Mika Teladogratis.

Perché gli asini non sono a strisce
come le zebre?
Perché non sono delinquenti.

Triple Doku 19

Triple Doku 20

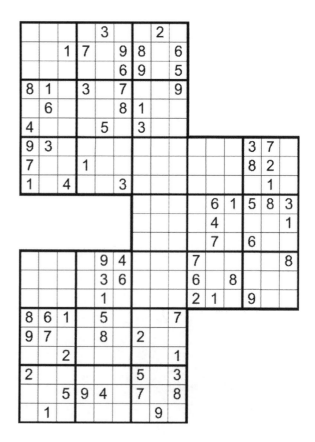

Soluzioni a pag. 89

Triple Doku 21

Triple Doku 22

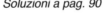
Soluzioni a pag. 90

Un marito torna a casa prima del previsto e trova la moglie a letto con un barbone.
Lei si difende così: "Ma caro lui mi ha solo chiesto: Ha qualcosa che suo marito non adopera?".

Il fidanzato di Maria va a chiedere in sposa la figlia di un macellaio: "Vorrei la mano di sua figlia".
"Con l'osso o senza?".

Triple Doku 23

Triple Doku 24

Soluzioni a pag. 90

Sohei Sudoku 1

Windoku 1

Sohei Sudoku 2

Windoku 2

Soluzioni a pag. 90

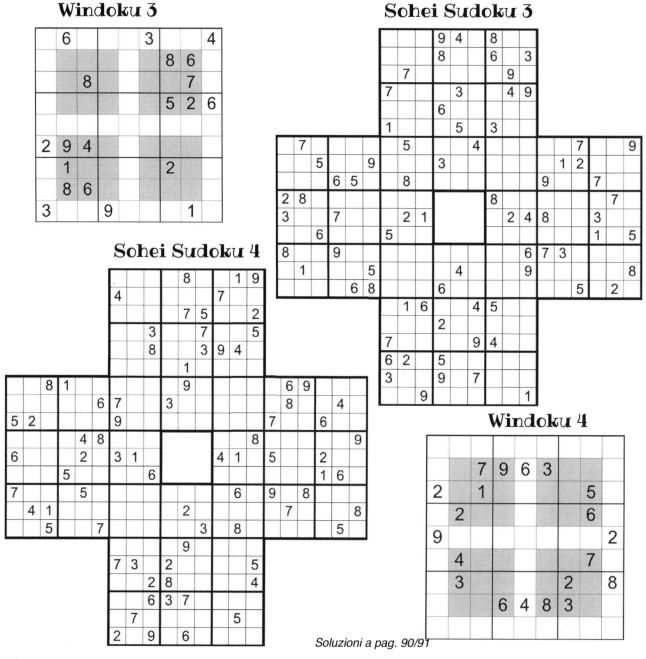

Sohei Sudoku 5

Windoku 5

Sohei Sudoku 6

Windoku 6

Soluzioni a pag. 90/91

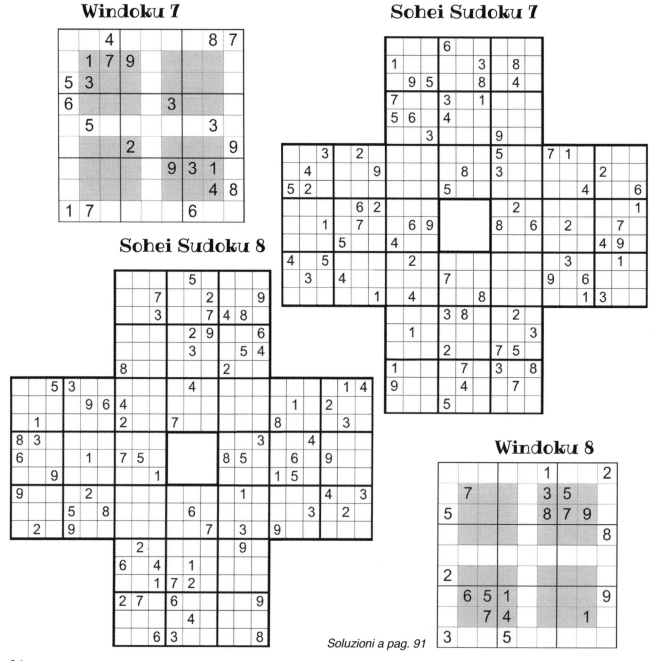

Soluzioni a pag. 91

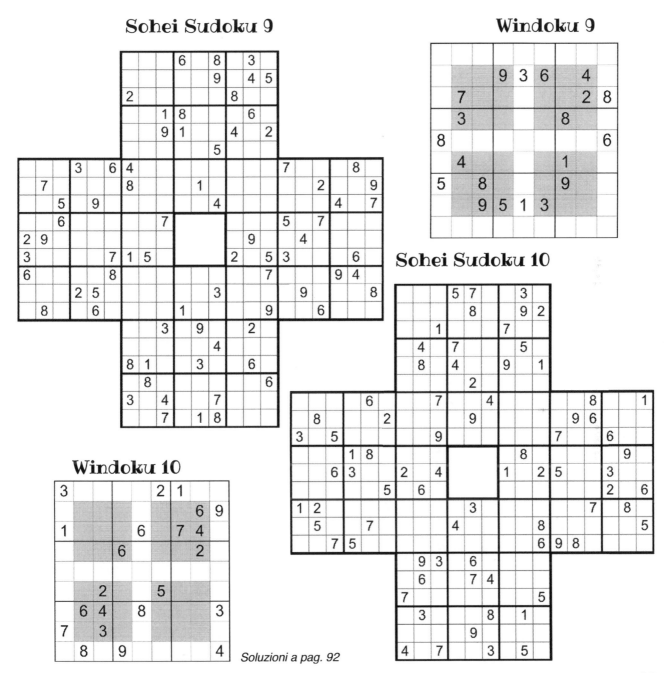

Sudoku Samurai 1

Soluzioni a pag. 93

Sudoku Samurai 2

Soluzioni a pag. 93

KAKURO

Il Kakuro è un puzzle di posizionamento numerico basato sulla logica. L'obiettivo del gioco è inserire i numeri da 1 a 9 compreso in ogni cella bianca in modo tale che la somma dei numeri in ciascuna riga o colonna corrisponda all'indizio ad essa associato e che nessun numero sia duplicato nella rispettiva riga o colonna. Ogni puzzle Kakuro ha un'unica soluzione.

Ecco un esempio:

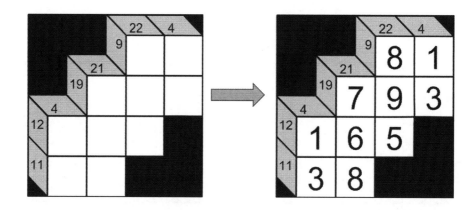

Soluzioni a pag. 86

Qual è il cane più bravo a nuotare? Il canotto.

Kakuro 1

Kakuro 2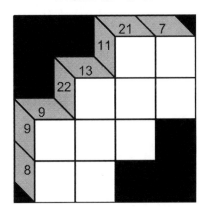

Kakuro 3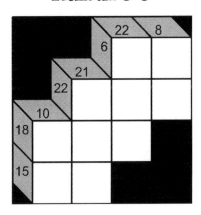

Kakuro 4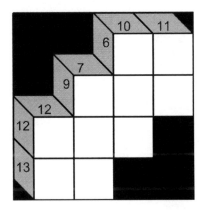

Kakuro 5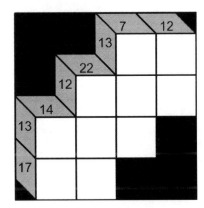

Kakuro 6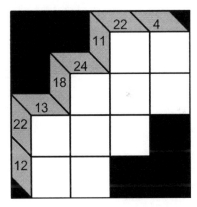

Come sai che un politico dice le bugie? Gli si muovono le labbra.

MARUPEKE

Un Marupeke consiste in una griglia quadrata in cui alcuni dei quadrati sono oscurati alla maniera di un cruciverba. Alcuni dei quadrati rimanenti contengono una X o una O. Per risolvere un tale enigma, il risolutore deve posizionare una X o una O in ciascuno dei quadrati rimanenti in modo tale che non ci siano mai tre X o tre O in linea, orizzontalmente, verticalmente o diagonalmente. Ogni puzzle ha una soluzione unica che non richiede congetture per essere raggiunta.

Ecco un esempio:

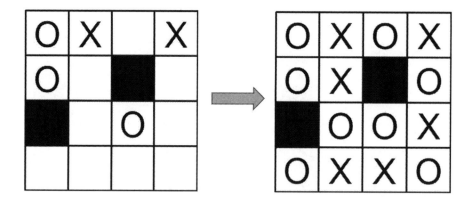

Soluzioni a pag. 86

Cosa fa un pittore ad una prostituta? Uno schizzo!

Marupeke 1
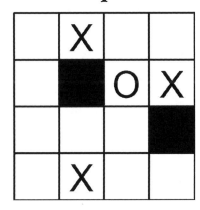

Marupeke 2
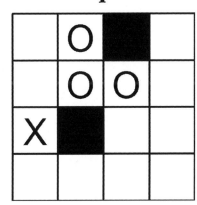

Marupeke 3
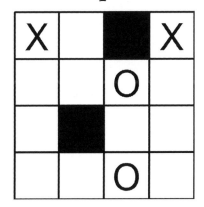

Marupeke 4
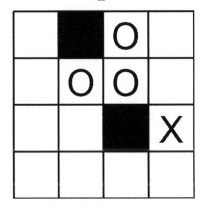

Marupeke 5
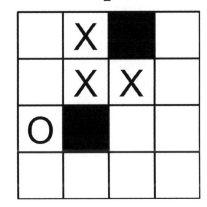

Marupeke 6
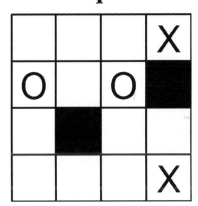

Sapete perché le pile sono meglio degli uomini? Perché durano di più.

GOKIGEN

Gokigen è un puzzle logico giocato su una griglia rettangolare con numeri in cerchi che appaiono in alcune delle intersezioni sulla griglia. L'obiettivo è disegnare esattamente una linea diagonale in ogni cella della griglia in modo che il numero in ogni cerchio sia uguale al numero di linee che si estendono da quel cerchio. Le linee non devono formare un anello chiuso.

Ecco un esempio:

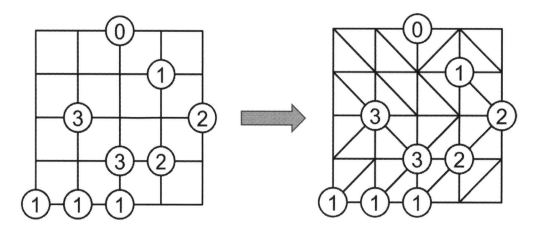

Soluzioni a pag. 86/87

Fra uomini:
"Mia moglie è un angelo!". "Beato te, la mia è ancora viva".

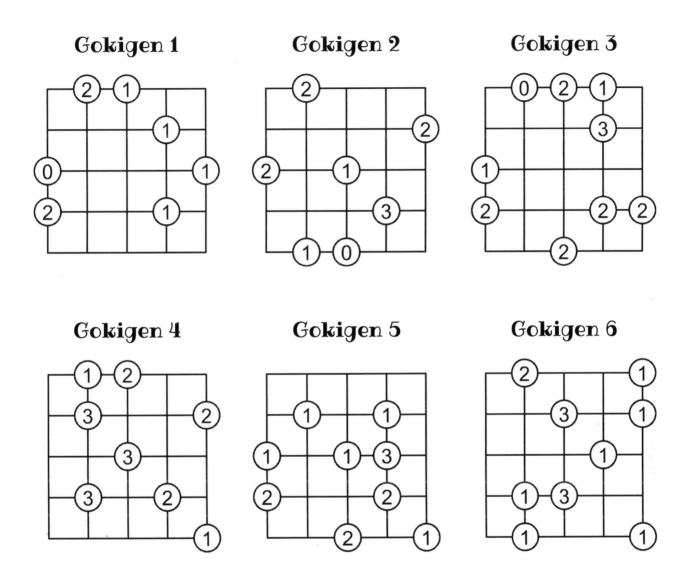

"Lo sai? Fare tanto sesso rende intelligenti"! "Non ho capito…"

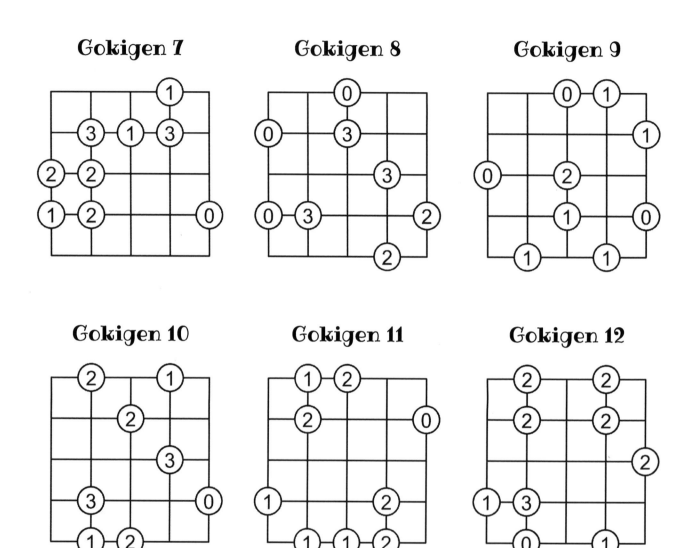

Sono sempre stato un ragazzo molto sveglio; una volta ho finito un puzzle in meno di quattro giorni; e pensare che sulla scatola c'era scritto "Dai 2 ai 5 anni".

TROVA LE PAROLE

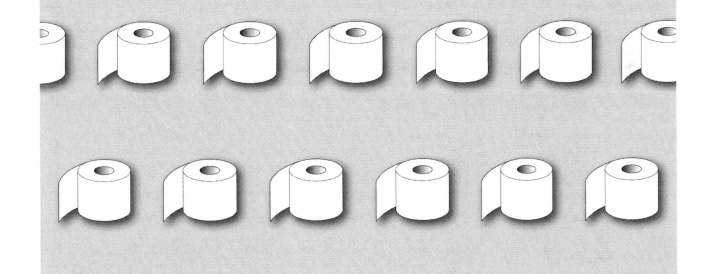

Puzzle 1

- Sorprendente
- Sensibile
- Sopravvissuto
- Feroce
- Tenace
- Degno
- Unico
- Speranzoso
- Ottimista
- Fiorente
- Incrollabile
- Superare
- Riuscito
- Trionfante
- Miracoloso

Soluzioni a pag. 95

N	Y	T	L	R	F	K	M	Q	C	W	Y	J	M	B	R	H
V	L	R	B	O	I	N	W	K	V	C	T	E	V	T	B	P
M	M	I	B	F	S	U	Q	R	X	V	Z	T	J	D	M	Y
K	V	O	Y	P	N	O	S	L	Q	F	X	N	V	H	M	P
J	Q	N	Z	R	Z	L	Z	C	V	Z	B	E	L	A	W	M
T	Z	F	Z	C	V	H	L	N	I	D	Q	D	Z	T	P	P
N	P	A	J	W	B	D	C	B	A	T	P	N	N	S	F	M
V	M	N	L	X	E	M	M	E	S	R	O	E	J	I	T	K
T	R	T	C	G	L	X	T	U	M	V	E	R	M	M	T	X
P	V	E	N	N	T	N	P	E	Z	Z	L	P	G	I	Z	H
D	N	O	T	L	E	E	L	T	M	B	C	R	S	T	K	J
C	L	N	G	R	R	I	L	Y	F	M	F	O	B	T	T	L
C	H	J	O	A	B	V	B	N	C	E	H	S	M	O	E	M
N	Y	I	R	I	Y	C	W	G	Z	R	R	O	C	I	N	U
Z	F	E	S	Z	D	D	T	Y	T	T	Y	O	D	T	A	D
Q	I	N	C	R	O	L	L	A	B	I	L	E	C	J	C	T
J	E	Y	R	O	S	O	L	O	C	A	R	I	M	E	E	M
S	T	K	S	O	P	R	A	V	V	I	S	S	U	T	O	Y

Puzzle 2

- Bellissimo
- Miracolo
- Minuscolo
- Determinato
- Forza
- Resiliente
- Coraggioso
- Combattente
- Prezioso
- Volitiva
- Perseveranza
- Speranzoso
- Amato
- Innocente
- Adorabile

Soluzioni a pag. 95

```
R Q J P E R S E V E R A N Z A R T
T N R W W D R P K N V J L P E D Z
N X N J D X N F E I L I B S Y J G
X B R H N E K Q T R N F I R Q Z X
K B O N J T T I M N A L Q M M F F
R Z M E J N L E O F I N L D L Z P
X C I R T O M C R E Q V Z M M X O
Q J S P V N E F N M O T T O G M S
P J S F W N E T R L I Y W K S D O
N P I M T M E T O H R N Q L K O I
G L L E P H H C T N C M A J L M Z
T R L H H M A J M A W P Y T R R E
W F E P T R M M Z C B R L Y O M R
A O B G I Y F J T R M M W H N C P
M R L M O S O I G G A R O C L R L
A Z N Y J J Q B C W R C Z C L X V
T A W T Q J N V E L I B A R O D A
O K X L V R K M I N U S C O L O L
```

Puzzle 3

- Argento
- Ghiaia
- Erba
- Metallo
- Cartone
- Sciarpa
- Terra
- Tempesta
- Terremoto
- Vulcano
- Montagna
- Fulmini
- Far cadere
- Fiume
- Alluvione

Soluzioni a pag. 95

T	P	N	J	M	N	C	N	E	R	B	A	M	Z	Q	H	K
N	H	M	M	F	T	A	E	N	O	I	V	U	L	L	A	K
F	Z	T	I	L	R	R	V	P	K	L	Y	M	K	K	B	N
B	D	U	L	C	K	T	C	K	M	W	J	O	M	B	X	B
B	M	X	F	J	L	O	K	K	Z	V	T	T	H	D	F	V
E	W	K	K	Z	J	N	F	O	S	B	W	N	C	W	A	H
K	T	R	M	M	Y	E	N	C	H	F	T	E	T	L	R	R
V	P	N	Z	L	B	A	I	Z	C	N	M	G	Q	J	C	O
L	F	R	C	R	C	A	B	A	Z	D	R	R	B	B	A	T
Q	Y	N	T	L	R	G	H	L	T	M	V	A	V	I	D	O
R	P	L	U	P	C	X	X	F	C	S	C	K	A	W	E	M
L	P	V	A	M	M	X	N	R	U	T	E	I	T	Y	R	E
W	J	W	V	J	Z	E	Y	Z	T	L	H	P	Z	Z	E	R
Z	F	G	K	D	H	T	T	R	V	G	M	J	M	K	K	R
V	C	N	A	R	R	E	T	A	G	K	K	I	L	E	M	E
L	C	M	C	Y	K	R	X	W	L	W	T	R	N	R	T	T
J	W	M	O	N	T	A	G	N	A	L	N	R	N	I	X	F
Y	Z	Q	W	D	L	P	X	K	J	Q	O	D	L	Z	Z	B

Puzzle 4

- Ansia
- Età adulta
- Università
- Amicizia
- Apprensivo
- Appartenere
- Riuscire
- Riluttante
- Lezioni
- Laureato
- Conoscenza
- Socializzare
- Superare
- Laureato
- Accademico

Soluzioni a pag. 95

```
L O C I M E D A C C A V H N N R T
A E R I C S U I R T C L W K M Z Q
U N C R T C T O L L Q D D A G D I
R F K X K N T F X R Q N K P M D N
E K L K S A M N T G V P M P R Q O
A T J M E U N C L A J Q T R X K I
T L N R N N P B D L M S J E J D Z
O N U A R B C E Q Z O I A N Y R E
D A Y N T M T T R C Z P C S C P L
L T N N X T Y K I A P N N I K M C
B G A K H M U A T A R D M V Z Q Y
L T I L N H L L R M L E K O C I F
N B S W P I U T I M W B T C C N A
T L N X Z D E N C R R R K W Z R K
M V A Z A N F P M V L Y K L X K T
H N A à E R T G K L P M M Z L N C
Z R T R W T X U N I V E R S I T à
E E E C V M L C O N O S C E N Z A
```

Puzzle 5

- Astronomia
- Vulcano
- Insetto
- Dinosauro
- Rettile
- Mammifero
- Cellula
- Storia
- Biologia
- Fossile
- Collezione
- Prato
- Ecologia
- Tecnologia
- Geografia

Soluzioni a pag. 95

```
D W X Q M K L F N L L M N Z F W F
K I R Y Y M M J N J H H K Y K D L
T Z N T R C O L L E Z I O N E V N
W V V O K Z L N X M D P M J C B B
R T C P S K H M M M G Y R T P W T
T L G H W A L U L L E C M A T Z M
A H A H R C U T J T K B Z E T A L
I L I K E X W R L H O H C V M O P
G K M T T T N O N P N E M M K F
O X O R T K D L A R O L I L K X W
L H N E I M Y C Z L I F N K C K P
O Y O C L G L L O S E A H R L C H
I R R O E U Q G S R M H I R G X J
B R T L V K I O O T T T R R N P F
Z M S O V A F K N T D N T Y O D B
T Y A G V R G Y B W R J M J G T M
Z K Q I Z A I F A R G O E G Y F S
M M Y A I N S E T T O L R R L T N
```

50

Puzzle 6

- Incoraggiante
- Edificante
- Motivazionale
- Vittorioso
- Credere
- Gioioso
- Grato
- Pazienza
- Serenità
- Potente
- Capace
- Impavido
- Potenziato
- Fantasioso
- Prezioso

Soluzioni a pag. 95

P	B	P	E	à	M	X	T	M	T	Q	T	G	K	T	X	W
O	Q	F	T	T	V	K	T	T	V	C	L	P	W	F	W	N
T	H	X	N	I	B	I	L	A	H	T	K	R	K	L	K	T
E	G	Z	A	N	T	Q	T	N	Z	P	D	G	L	L	N	M
N	L	B	I	E	Q	N	N	T	D	N	L	K	T	Z	B	R
Z	K	Y	G	R	I	M	K	T	O	E	E	P	K	F	M	H
I	M	H	G	E	J	M	V	F	T	R	L	I	Q	T	E	N
A	Q	H	A	S	W	W	P	N	F	X	I	T	Z	T	T	T
T	D	G	R	F	Q	H	A	A	X	H	G	O	N	A	Y	B
O	T	F	O	N	C	C	N	N	V	I	N	E	S	T	P	F
D	C	B	C	Y	I	T	T	B	O	I	T	P	Q	O	N	W
R	T	C	N	F	A	W	N	I	M	O	D	K	N	F	Y	C
B	J	K	I	S	Y	B	O	Q	P	W	F	O	K	Q	L	R
Z	R	D	I	L	D	S	W	N	C	A	P	A	C	E	N	E
W	E	O	R	K	O	B	K	M	L	C	W	R	Y	W	T	D
W	S	T	R	M	O	T	I	V	A	Z	I	O	N	A	L	E
O	G	Y	T	O	T	A	R	G	Z	L	Z	M	Y	M	Z	R
O	S	O	I	Z	E	R	P	N	Y	K	Y	Y	N	V	K	E

Puzzle 7

- Implorando
- Versato
- Artistocratico
- Convoglio
- Lamentoso
- Contagio
- Misticismo
- Reverie
- Spasmodicamente
- Sionismo
- Liquidato
- Persona
- Stupefatto
- Condannato
- Siesta

Soluzioni a pag. 96

```
L C O N D A N N A T O F N F M T W
A R T I S T O C R A T I C O C G M
E Q F X B G Q B T M J F L P L X O
T X M D Z L I Q U I D A T O V T S
N L D N Z L X R L E R R T N A K T
E A L H Q L D T F O I R R S K W U
M M Q V G Q D Z O D N R R M F W P
A E C M G F V M V N D E E T L K E
C N M O X B S L C A V L N V Z C F
I T F K N I X O G R L G K C E M A
D O D X N V N W S O P F D L Z R T
O S K O R T O I N L N E W W T N T
M O I D A T E G N P R T R K R C O
S S N G G S N X L M R N X S V J F
A T I N T R L K K I F N G C O R P
P O J A F N F K K C O G W M V N K
S Q B R J M W Y Q R D H N H R Q A
B J O M S I C I T S I M Z J R J Y
```

Puzzle 8

- Minacciosamente
- Circospetto
- Solennemente
- Rapsodicamente
- Primitivo
- Mortalmente
- La stravaganza
- Raramente
- Divertente
- Domicilio
- Enormità
- Saltuario
- Amabilmente
- Distinguere
- Voluptas

Soluzioni a pag. 96

```
C V F E N O R M I T à L O E R Y R
J B D J R Z R F C W M T K T A M A
D E G P L F N J O R T M D N P J M
D B T Z R N C I Y E P I K E S L A
R Q Y N V I L R P G S N Q M O N B
S H T G E I M S C T L M G A D E I
Z A K M C M O I I J O C Z S I T L
R T L I N C A N T R L T L O C N M
J T M T R K G R T I P R X I A E E
T O D I U U N A A Y V J J C M T N
D M C H E A L F Y R N O V C E R T
K P R R T M R K L P T Q H A N E E
M V E L E W K I R W F L R N T V W
Q Y Q N G L Q L O N J T M I E I N
Q R T M S A T P U L O V G M V D Q
Y E B B R L M G W T Y Q B M T G H
Y Q H A Z N A G A V A R T S A L Y
G Z G N S O L E N N E M E N T E M
```

PAROLE CONFUSE

Guarda attentamente le parole confuse e prova a riordinarne quante più possibile.

Tabella 1

Soluzioni a pag. 94

Tabella 2

Niogauivgt	
Umotu	
Ittcesprir	
Rzisazecu	
Itcoaseact	
Atoiafufcm	
Nstrngeaiot	
Geialrnfoo	
Ooiluioqls	
Gangsirait	

Lccaortoo	
Rsaoinavacelarrg	
Nserazttia	
Ilmatriohc	
Obcrraroore	
Eunricldtài	
Orlogo	
Nsomunabnalza	
Oamoiutenczm	
Ascioshos	

Tabella 3

ncmAetraia	
Inmcroeod	
Dcreneaz	
Ungsap	
Osrafaicinm	
Cnomoair	
Lonmfoole	
Erltbmloau	
Tprnitaaiepc	
dorptiot	

Tabella 4

Riometic	
Aebrreelc	
Ritnsioac	
Tnereap	
Oreno	
Codiarr	
Itptari	
Nieozrdait	
Erralebec	
Earerghip	

Soluzioni a pag. 94

La storia di Adamo ed Eva fu il primo melo/dramma!

Password: "Pene"

Password non abbastanza lunga!

Tabella 5

Atdconomemna	
Aoaspdir	
Reeaorssv	
Ttrisope	
Octlu	
Icaoampng	
Onsmiies	
Sleidocip	
Àotens	
Rzezaettab	

Tabella 6

Oarerometmp	
Tolometrv	
Ltauate	
Eleettonr	
Barietta	
Ittrerutnoer	
Aotritt	
Ttaarire	
Staoict	
Oalallerp	

Soluzioni a pag. 94

LA STATUA DEL CONDOTTIERO A CAVALLO

Sai cosa significa se il cavallo ha entrambe le zampe anteriori alzate? Che chi lo cavalcava è morto in guerra; se invece ha solo una zampa anteriore alzata, il cavaliere è morto per una ferita riportata in guerra; se il cavallo ha le quattro zampe a terra, chi lo cavalcava è morto per cause naturali.

LETTERE CADUTE

Completa la frase alla lavagna. Le lettere della frase sulla lavagna sono cadute a terra. Riposizionale nell'ordine corretto. Per fortuna le lettere sono scivolate direttamente sotto la colonna in cui si trovavano sulla lavagna, ti sarà più facile risolvere il gioco.

Soluzioni a pag. 85

Citazione famosa 1

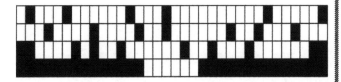

```
               IR  C  I
    A E   I SL     PL  IMPR C I    DP I
  I NATITA IONGIOÜNOHONROUNTICUILLA
  TUDUVOGEORNIOPIERGIÉONTAINSCOERSEI
```

Citazione famosa 2

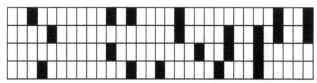

```
  SE    MCSES  F  E I  R  I  I    TD  A  IN
  FODIIRICIO  O  DNII  ALIO DI  S  TR
  DELOSPENTCSIMLLTTATTTLGEI  IOUNA
  MALLMUODTIOLATUOEUOBAETLIVÈLPRI
```

Citazione famosa 3

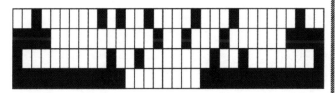

```
                  R      OA
      CHNZZ    IAADLNTOP       RINL
    A SCLETENTLALFPOEOTÀIÜLGMNGDE  L
    LRICAOUTEAÈEZZPEDRLPIÙIGRAADEIORA
```

Citazione famosa 4

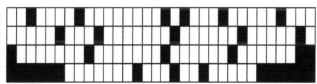

```
         N   GOC  CE    L  C  L
      E CO NEMTPTIORO  EPINRERESE D
      LOEDOESONIILESTNNDISSÙOOEVIETE  L
      MNNMMSEONTOCSAOIOEEVOEUBESLSREEE
```

SCARABEO

Crea quante più parole con le lettere sulle tessere. Puoi usare tutte le tessere per ogni parola. Non è consentito utilizzare lettere extra. Totalizza tanti punti sarà una sfida divertente.

Punteggio:

Se trovi una parola entro 10 secondi totalizzi 90 punti.
Se usi otto lettere una sola volta totalizzi 50 punti.
Se usi sette lettere una sola volta totalizzi 40 punti.
Se usi sei lettere una sola volta totalizzi 30 punti.
Se trovi la parola Scarabeo entro 5 secondi totalizzi 100 punti

Soluzioni a pag. 96

Scarabeo 1

A O M C O D E N E F
F G I I L U M T N Z
O C O A P Q R R S S
T N T B U V W E

Parola	Punti	Parola	Punti

Scarabeo 2

O A A B B C C D E
E E G I I L L S M T
N N O A O O P N R R
S C S T T R U V Z

Parola	Punti	Parola	Punti

Scarabeo 3   Scarabeo 4

Parola	Punti	Parola	Punti	Parola	Punti	Parola	Punti

Non so se mi spiedo... disse un pollo sul girarrosto.

Scarabeo 5

Z T A A B C G D E E
F M G H I I I L M M
N N O O P R S A T T
U V A

Parola	Punti	Parola	Punti

Scarabeo 6

S A B E C D E E E G
I N L L M N N O U O
P P R R R S S A T T
T U V C

Parola	Punti	Parola	Punti

Lo sapete qual è lo stile di canto preferito da Rocco Siffredi? Lo stile a cappella!

CRUCIVERBA

Cruciverba 1

ORIZZONTALI

1. La sorella di un genitore
7. Sugo verde
8. Satellite naturale di un pianeta
9. Sostanza liquida che unge
10. Mettere insieme due o più sostanze diverse, in modo che formino una sola massa
12. Due volte cinque

VERTICALI

2. Concepito dal pensiero perfetto, senza alcun difetto
3. Ritorno deformato di un suono nel luogo di partenza che è causato dal suo riflesso contro un ostacolo
4. Capelli che crescono sul labbro superiore
5. Dispositivo di segnalazione acustica sistemato su automobili e motoveicoli
6. Opposto al sud
11. Che agisce con sincerità, fedele, fidato

Soluzioni a pag. 93

Cruciverba 2

Soluzioni a pag. 93

ORIZZONTALI

2. Dispositivi per fumare tabacco
6. Il punto cardinale opposto a ovest, verso oriente
7. Seconda persona singolare dell'indicativo presente di adorare
8. Osso del ginocchio
9. Grosso pesce commestibile che vive nei mari non molto caldi
11. Sentimento di forte inimicizia nei confronti di qualcuno o qualcosa
12. Tuttavia non: privo di qualcosa o qualcuno: "Parli... riflettere"

VERTICALI

1. Seconda persona singolare del presente indicativo di muoversi (da un luogo verso un altro: partire)
3. Seconda persona singolare dell'indicativo presente di esistere
4. Primo mese dell'anno
5. Che si incontra poco di frequente, difficile a trovarsi, poco numeroso
10. Terza persona singolare dell'indicativo presente di spostarsi (con le proprie forze sulla superficie dell'acqua o sotto di essa)

Cruciverba 3

ORIZZONTALI

2. Rivestimento esterno del corpo
3. Terza persona singolare dell'indicativo presente di (far effettuare un movimento circolare attorno all'asse di un oggetto)
5. Strumento per disegnare o scrivere; appendice leggera e fibrosa che copre il corpo degli uccelli
8. Accrescimento patologico della temperatura umana o animale (senso figurato) grande agitazione, tormento, pena, desiderio, passione d'animo
9. Ricovero di animali, luogo in cui depongono le uova
10. Prima persona singolare dell'indicativo presente di riprodurre, imitare
11. Frutto di forma sferica con buccia sottile di svariati colori e polpa biancastra

Soluzioni a pag. 94

VERTICALI

1. Giorno che precede direttamente l'oggi
4. Insetto dotato di pungiglione che produce il miele
6. Seconda persona singolare dell'indicativo futuro di procedere ed effettuare un'azione; (in teatro) recitare
7. Abitudine e consumi costosi e di elevata qualità (per estensione) scelta migliore che si possa fare tra più opportunità
8. Femminile di ferito, lacerazione traumatica della pelle di tutti gli animali, compreso l'uomo

Cruciverba 4

ORIZZONTALI

5. Fashions
6. (Plurale di) persona verso cui si prova un intenso e contraccambiato sentimento di affetto e attaccamento, oltre che di vicendevole simpatia e con cui si può condividere
7. Plurale di corpo che genera un campo magnetico
11. Seconda persona singolare dell'indicatico presente di mandare merci in un posto
12. Plurale di allegria o gioia manifestati nel ridere

VERTICALI

1. Fratello di uno dei due genitori rispetto ai figli di questi
2. Chi cerca di ottenere clandestinamente informazioni riservate o segrete sull'organizzazione economica, politica e militare di uno stato, in tempo sia di pace che di guerra, col fine di offrire una descrizione completa del paese che interessa
3. Prima persona singolare dell'indicativo presente del verbo pedalare
4. Plurale di marito
8. Cifra che segue otto e precede il numero dieci
9. Periodo di instabilità e di rischio, attacco d'ansia, attacco di panico
10. Anfibio che salta

Soluzioni a pag. 94

Cruciverba 5

ORIZZONTALI

1. Indica il moto attraverso un luogo: "Sono passato... il centro". Indica destinazione: "Questo è il treno... Londra"
4. Seconda persona singolare dell'indicativo presente di curvare
7. (Plurale di) parte superiore del corpo umano unita al resto del medesimo tramite il collo
9. Filato leggero e resistente, dotato di particolare lucentezza, prodotto da un particolare tipo di baco
10. Caduta d'acqua
11. Fusto eretto e legnoso degli alberi

Soluzioni a pag. 94

VERTICALI

1. Plurale di pollo
2. Le parti legnose dell'albero aventi origine dal fusto da cui, con progressive divisioni e assottigliamenti, arrivano fino a quelli che portano foglie, fiori e frutti
3. Participio passato di martellare
5. Patina che dopo la bollitura copre la parte più liquida del latte
6. Persona singolare del presente semplice indicativo di lasciare
8. (Plurale di) ritorno deformato di un suono nel luogo di partenza che è causato dal suo riflesso contro un ostacolo

LABIRINTI

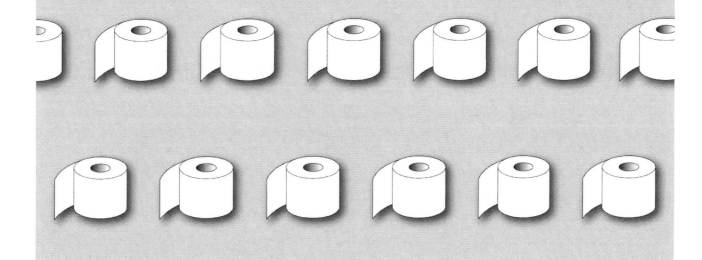

LABIRINTO 1

Soluzioni a pag. 97

Labirinto 2

Soluzioni a pag. 97

Labirinto 3

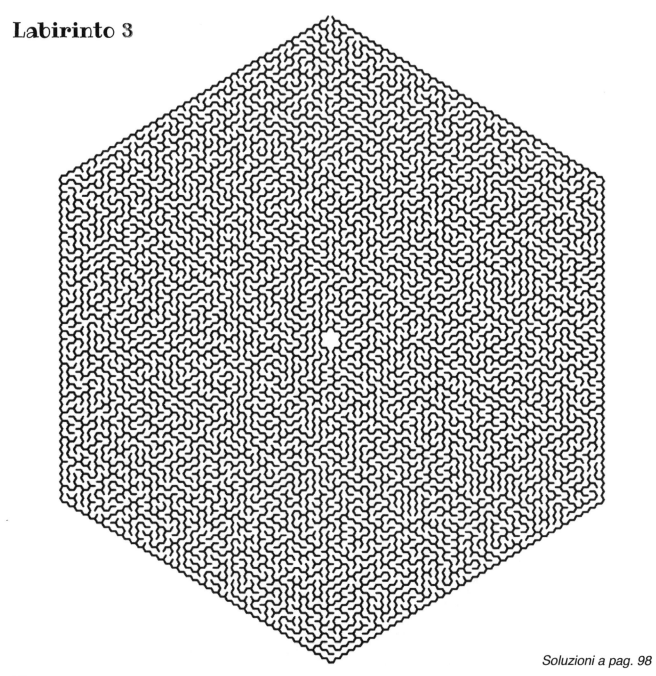

Soluzioni a pag. 98

Labirinto 4

Soluzioni a pag. 98

Labirinto 5

Soluzioni a pag. 98

Prima sera, cena romantica.

Alla fine della cena lui la guarda e le dice con aria sognante:
"Cara posso offrirti qualcosa da bere a casa mia?"
"Ti prometto una serata…"

Lei lo interrompe dicendo sarcastica: "Mi vuoi far vedere
la tua collezione di francobolli?"

"NO! Risponde lui!
Ti prometto una serata di musica e magia!"

Lei incuriosita accetta.
"Musica e magia?"

"Si... Prima ti trombo e poi sparisci!"

Labirinto 6

Soluzioni a pag. 99

Un capitano si presenta una sera da una prostituta per strada e le chiede:

"Quanto vuole per la mia compagnia?"

"Cento euro."

"Va bene."

Dopodiché, il capitano torna sui suoi passi, volta l'angolo e rivolto ad una moltitudine di soldati fa:

"Compagnia.... avanti, marsch!".

Labirinto 7

Soluzioni a pag. 99

Ridi che ti passa!

Due amiche si incontrano dopo le feste di Natale.

Una fa: "Allora, cosa ti ha regalato tuo marito per Natale?"

E l'altra, un po' sconsolata: "Un orologio, e a te il tuo?"

"A me un Cazzo!"

"Ganzo! Vuoi fare a cambio con un orologio?"

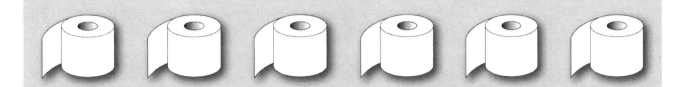

TROVA LE SEQUENZE

Gioco 16

Soluzioni a pag. 84

In ogni riga rimuovi solo un fiammifero per rendere l'equazione valida:

II + II = III

IV − I = IV

V = III = II

VII + VI = I

VIII = IX − II

X + VI = XV

XX + X = X

Gioco 17

Dove uscirà il liquido se viene versato nei vari fori?

Soluzioni a pag. 84

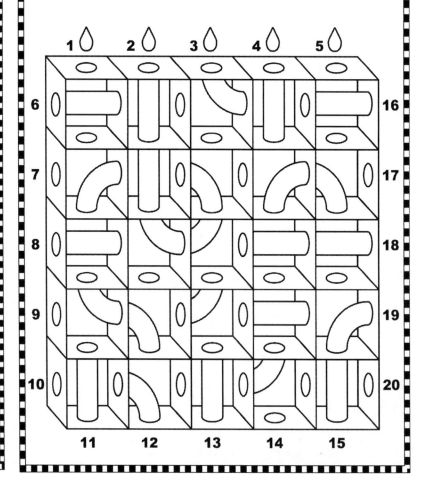

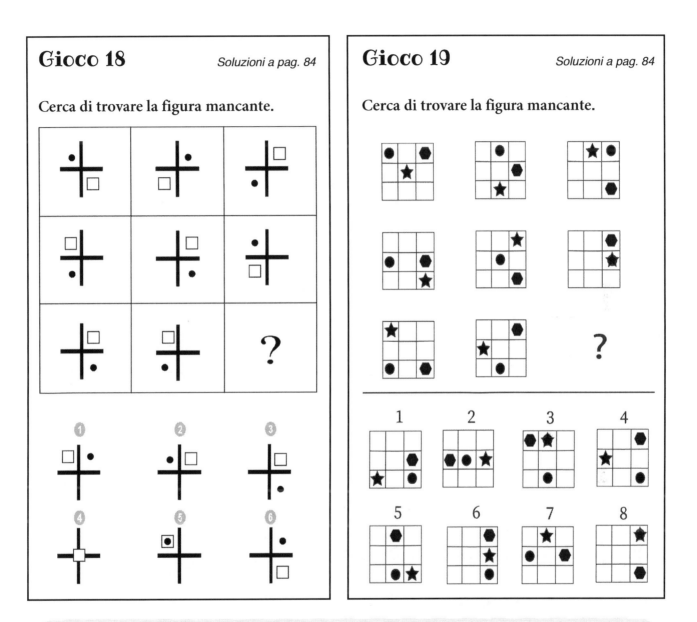

"Non so se mi spiego..." disse il paracadute.

Gioco 20

Soluzioni a pag. 84

Sposta un fiammifero per trovare le equazioni corrette.

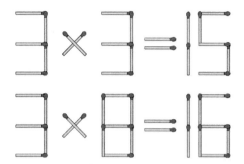

Gioco 21

Soluzioni a pag. 85

Trova la corrispondenza uguale:

B8BB888BB88B8BBB88B8

1) **B8BB8B8BB88B8B8B88B8**

2) **B8BB88BBB88B88BB88B8**

3) **B8BB888BB88B8BBB88B8**

4) **B8BB888BB88B8B8B88B8**

Una donna entra in farmacia:

"Per favore, vorrei dell'arsenico". Trattandosi di un veleno letale, il farmacista chiede informazioni prima di accontentarla.

"E a che le serve, signora?"

"Per ammazzare mio marito".

"Ah! capisco... però in questo caso purtroppo non posso darglielo!"

La donna senza dire una parola estrae dalla borsetta una foto di suo marito a letto con la moglie del farmacista.

"Le chiedo scusa, signora, bastava dirlo che aveva la ricetta!"

QUIZ

Soluzioni a pag. 92/93

Q1 Dove nacque Pirandello?
- A) Messina
- B) Agrigento
- C) Trapani

Q2 Chi scrisse " L'Orlando innamorato"?
- A) Ludovico ariosto
- B) Matteo Boiardo
- C) Giovanni Boccaccio

Q3 L'operazione di avvicinamento a una banchina o a un galleggiante è conosciuta sotto il nome di?
- A) Tonneggio
- B) Attracco
- C) Bordeggio

Q4 Che significato hanno i 5 cerchi olimpici?
- A) L'unione dei 5 continenti
- B) Sono stati presi a caso
- C) Indicano l'unione europea

Q5 Di che anno è la Costituzione Italiana?
- A) 1948
- B) 1949
- C) 1946

Q6 I giochi olimpici erano in onore di?
- A) Poseidone
- B) Zeus
- C) Achille

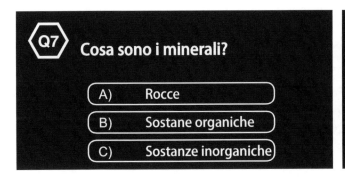
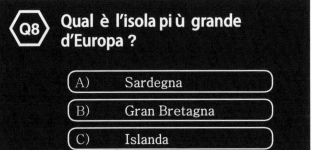

La bandiera delle Olimpiadi.

Non si può che iniziare parlando della bandiera più popolare del mondo. Ideata dallo storico francese Pierre de Coubertin, fondatore dei moderni Giochi olimpici, fu presentata pubblicamente per la prima volta nel 1913, ma debuttò ufficialmente solo 7 anni dopo, alle Olimpiadi di Anversa nel 1920.

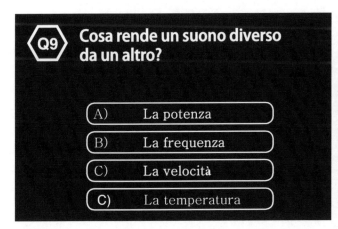
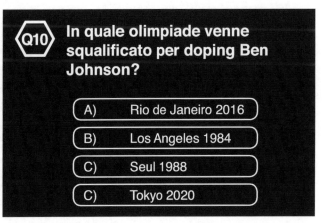

IQ TEST

Q Q

Trova le 10 O in 30 secondi

QQQQQQQQQQQQQOQQQQQQQQQQQQQ
QQQQQQQQQQQQQQQQQQQQQQQQQQQ
QQQQQQQQQQQQQQQQQQQQQQQQQQQ
QQOQQQQQQQQQQQQQQQQQQQQQQQQ
QQQQQQQQQQQQQQQQQQQQQQQQQQQ
QQQQQQQQQQQQQQQQQQQQQQQQQQO
QQQQQQQQQQQQQQQQQQOQQQQQQQQ
QQQQQQQQQQQQQQQQQQQQQOQQQQQ
QQQQQQQQQQQQQQQQQQQQQQQQQQQ
QQQQQQQQQQQQQQQQQQQQQQQQQQQ
QQQQQQQQQQQQQQQQQQQQQQQQQQO
QQQQQQQQQOQQQQQQQQQQQQQQQQQ
QQOQQQQQQQQQQQQQQQQQQQQQQQQ
QQQQQQQQQQQQQQQQQQQQOQQQQQQ

IQ TEST

F F

Trova le 10 F in 30 secondi

EEEEEEEEEEEEEEEEEEEEEEEEFEEEEEEEEE
EEEEEEEEEEEEEEEFEEEEEEEEEEEEEEEEEE
EEEEEEEEEEEEEEEEEEEEEEEEEEEEEEEEFE
EEEEEEEEEEEEEEEEEEEEEEEEEEEEEEEEEE
EEEEEEEEEEEEEEEEEEEEEEEEEEEEEEEEEE
EEEEEEEEEEEEEEEEEEEEEEEEEEEEEEEEEE
EEEEEEEEEEEEEEEEEEEEEEEEEEEEEEEEEE
EEEEEEEEEEEEEEEEEEEEEEEEEEEEEEEEEE
EEEFEEEEEEEEEEEEEEEEEEEEEEEEEEEEEE
EEEEEEEEEEEEEEEEEEEEEEEEEEEEEEEEEE
EFEEEEEEEEEEEEEEEEEEEEEEEEEEEEEEEE
EEEEEEEEEEEEEEEEEEEEEEEEEEEEEEEEEE
EEEEEEEEEEEEEEEEEEEEEEEEEEEEEEEEEE
EEEFEEEEEEEEEEEEEEEEEEEEEEEEEEEEEE

SOLUZIONI

Gioco 1

1253=636	X	1303= 43,3	:	6548=3120	X	7416=90	+
1236=738	X	54810=5480	X	8752= 437,5	:	1473=441	X
155129= 284	+	62125= 596	−	244=6	:	3212=642	X
9993=333	:	3572=714	X	1266=756	X	5555=111	:

Gioco 2

25615025=173	X ; +	1233413=123	: ; X	9999100856=952	+ ; −
23102=460	X ; X	3512315819=139	+ ; −	88652826=502	X ; −
626=18	: ; X	1610016002=800	X ; :	362183=54	: ; X
361053=307	X ; −	5222623=598	: ; X	418226=132	+ ; X

Gioco 3

A) 45 cm
B) 68 cm
C) 78 cm
D) 108 cm
E) 43 cm
F) 95 cm
G) 100 cm
H) 185 cm
I) 112 cm

Gioco 4
Il numero mancante è 16.

Gioco 5
I tipi di torte sono 6.

Gioco 6

2		2	−	22		66
+		x		−		=
13		12		11		10
x		+		+		−
3		5		27		2
:	9	+		x	4	:

Gioco 7
La risposta esatta è la A. Una sola volta, perchè la seconda raccolta avverrebbe in un'aiuola che contiene 99 fiori.

Gioco 8
In 7 modi.

Gioco 9
888 + 88 + 8 + 8 + 8 = 1000

Gioco 16

I + II = III
V − I = IV
V − III = II
VII − VI = I
VIII = X − II
X + V = XV
XX − X = X

Gioco 17
1 → 7
2 → 13
3 → 16
4 → 7
5 → 17

Gioco 18

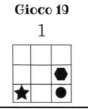

Gioco 19

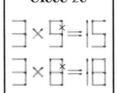

Gioco 20

3 × 5 = 15
3 × 6 = 18

Gioco 10

Gioco 11

Gioco 12

Gioco 13

Gioco 14

Gioco 15

Gioco 21
La giusta corrispondenza è la 3.

B8BB888BB88B8BBB88B8

LETTERE CADUTE

1) I due giorni più importanti della tua vita sono il giorno in cui sei nato e il giorno in cui scopri perché.
2) Se imposti i tuoi obiettivi in modo ridicolmente alto ed è un fallimento fallirai al di sopra del successo di tutti gli altri.
3) La salute è il dono più grande la contentezza la più grande ricchezza la fedeltà il miglior rapporto.
4) Le cose migliori e più belle del mondo non possono essere viste nemmeno toccate devono essere sentite con il cuore.

Sudoku 1

6	8	7	5	2	1	3	4	9
3	4	5	7	8	9	1	2	6
2	1	9	4	3	6	5	7	8
1	5	2	3	9	4	8	6	7
4	9	6	8	1	7	2	5	3
8	7	3	6	5	2	4	9	1
5	6	8	9	4	3	7	1	2
9	3	1	2	7	5	6	8	4
7	2	4	1	6	8	9	3	5

Sudoku 2

1	8	9	7	6	5	4	3	2
2	4	5	9	3	8	6	1	7
7	6	3	2	4	1	5	8	9
4	5	1	8	7	3	2	9	6
6	2	8	5	9	4	1	7	3
3	9	7	6	1	2	8	5	4
9	1	4	3	5	6	7	2	8
5	7	2	4	8	9	3	6	1
8	3	6	1	2	7	9	4	5

Sudoku 3

7	5	9	1	3	8	4	6	2
3	8	2	4	6	7	5	9	1
6	1	4	5	2	9	7	3	8
8	2	7	9	4	3	1	5	6
4	6	5	7	1	2	3	8	9
9	3	1	6	8	5	2	7	4
2	9	8	3	7	4	6	1	5
1	4	3	8	5	6	9	2	7
5	7	6	2	9	1	8	4	3

Kakuro 1
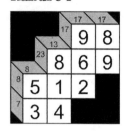

Kakuro 2
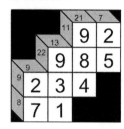

Kakuro 3
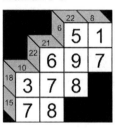

Kakuro 4
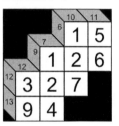

Kakuro 5
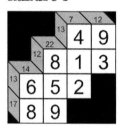

Kakuro 6
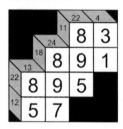

Marupeke 1
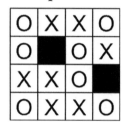

Marupeke 2
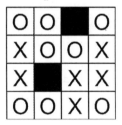

Marupeke 3
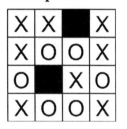

Marupeke 4
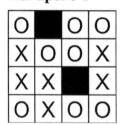

Marupeke 5
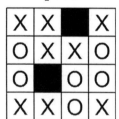

Marupeke 6
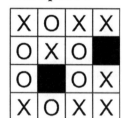

Gokigen 1
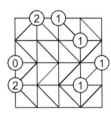

Gokigen 2
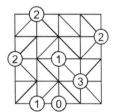

Gokigen 3
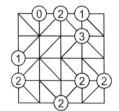

Gokigen 4
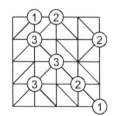

Gokigen 5
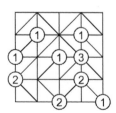

Gokigen 6
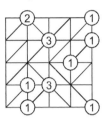

Gokigen 7
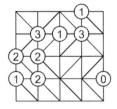

Triple Doku 1

2	8	4	6	7	5	3	9	1							
9	1	7	3	2	4	5	6	8							
3	6	5	8	9	1	7	4	2							
6	5	1	2	4	3	8	7	9							
4	9	8	1	5	7	6	2	3							
7	3	2	9	6	8	1	5	4							
1	7	6	4	8	2	9	3	5	6	7	1				
5	4	3	7	1	9	2	8	6	3	4	5				
8	2	9	5	3	6	4	1	7	9	8	2				
						9	5	1	7	4	8	2	6	3	
						2	6	8	3	5	9	7	1	4	
						3	7	4	6	2	1	5	9	8	
						8	9	5	1	6	3	4	2	7	9	8	5
						6	4	3	8	7	2	1	5	9	3	4	6
						1	2	7	5	9	4	8	3	6	7	1	2
												9	4	6	7	1	2	8	5	3
												7	8	5	9	4	3	6	2	1
												3	2	1	6	8	5	4	7	9
												6	1	9	2	7	8	5	3	4
												2	5	7	3	9	4	1	6	8
												4	3	8	5	6	1	2	9	7

Triple Doku 2

(solution grid)

Gokigen 8
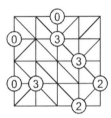

Gokigen 9
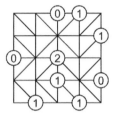

Gokigen 10
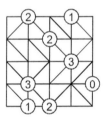

Gokigen 11
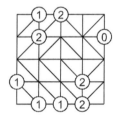

Triple Doku 3

(solution grid)

Triple Doku 4

(solution grid)

Gokigen 12
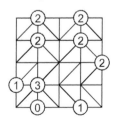

Triple Doku 5

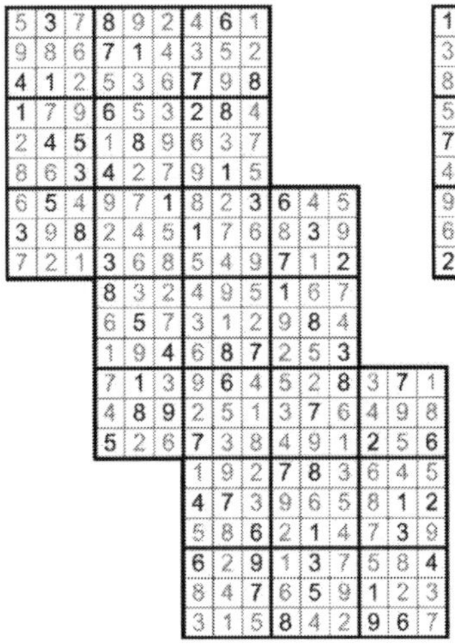

Triple Doku 6

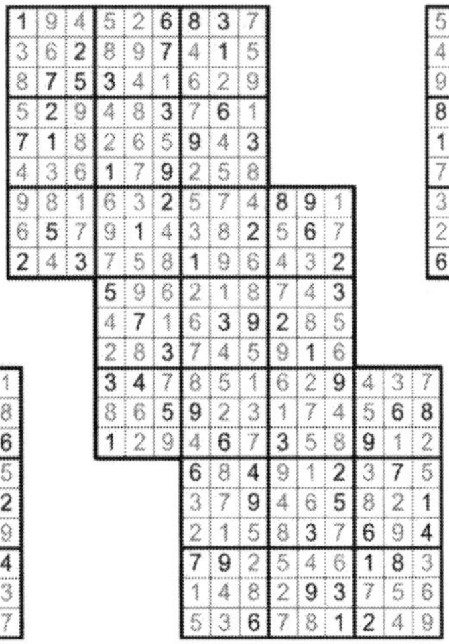

Triple Doku 7

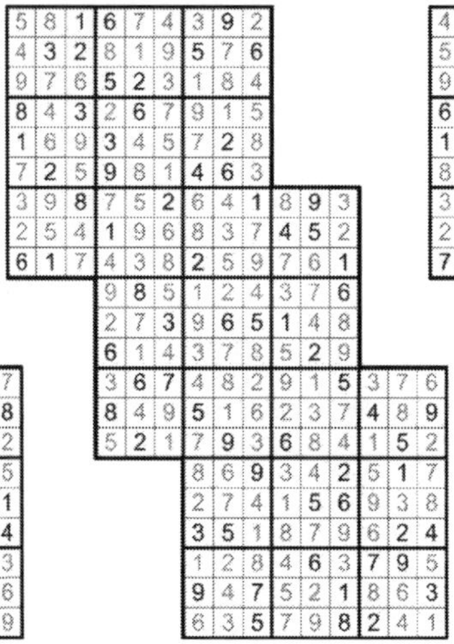

Triple Doku 8

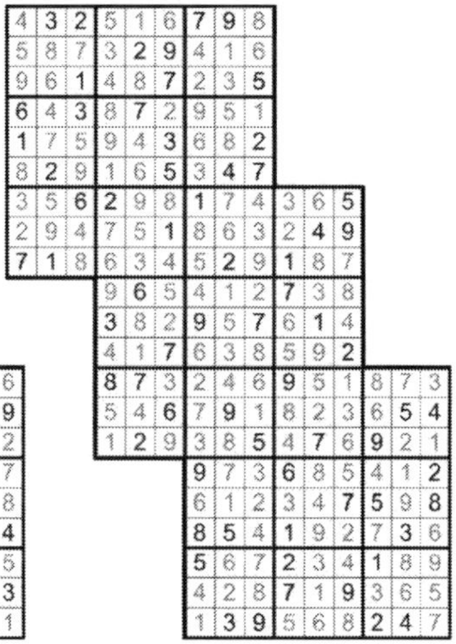

Triple Doku 9

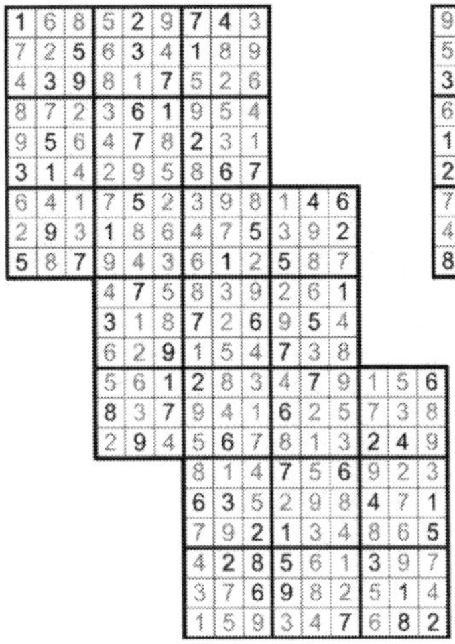

Triple Doku 10

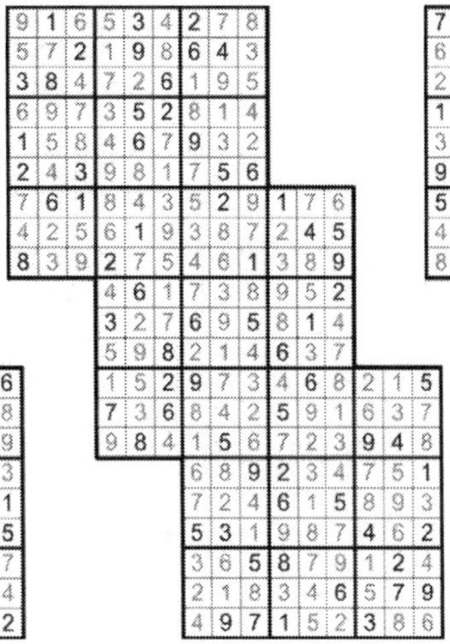

Triple Doku 11

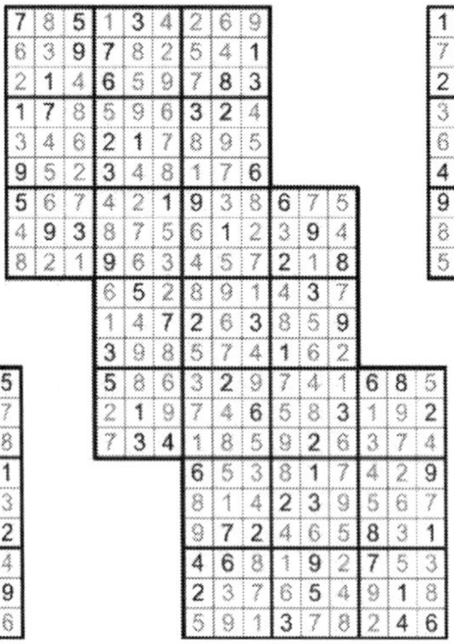

Triple Doku 12

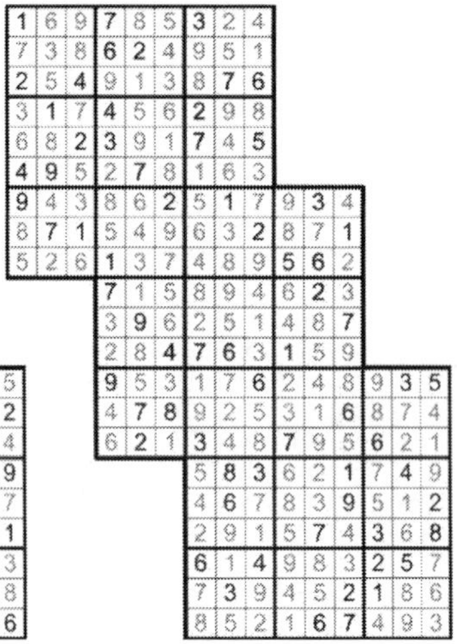

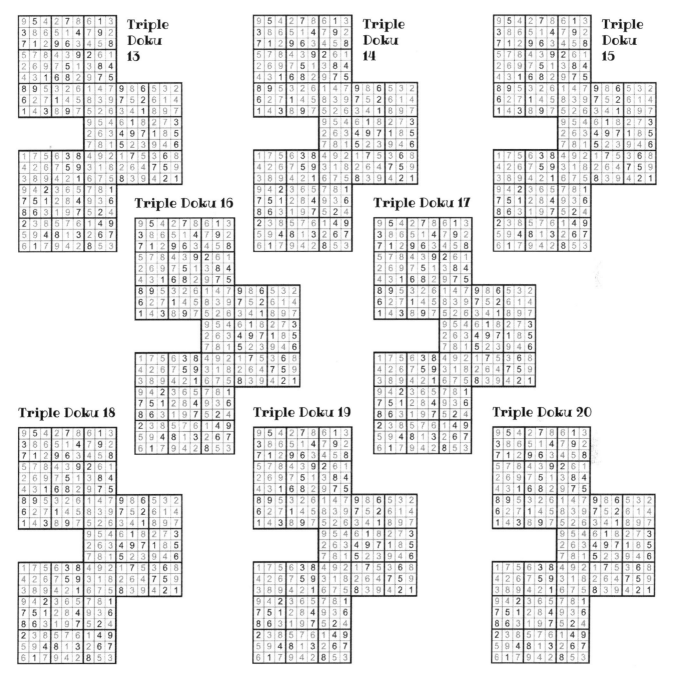

Triple Doku 21

Triple Doku 22

Sohei Sudoku 1

Triple Doku 23

Triple Doku 24

Sohei Sudoku 2

Windoku 1

Windoku 2

Windoku 3

Windoku 4

Windoku 5

Sohei Sudoku 3

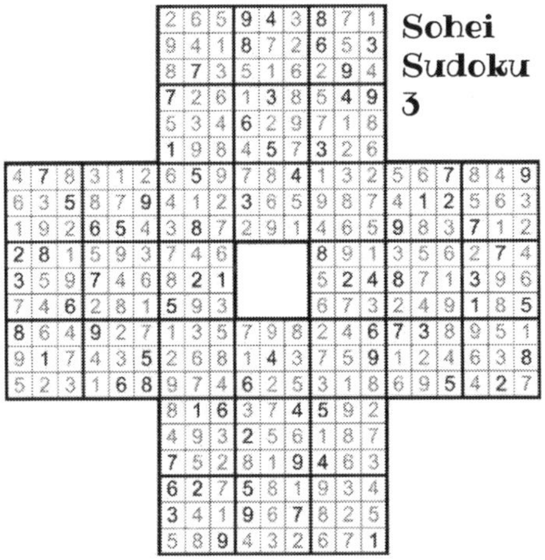

Sohei Sudoku 4

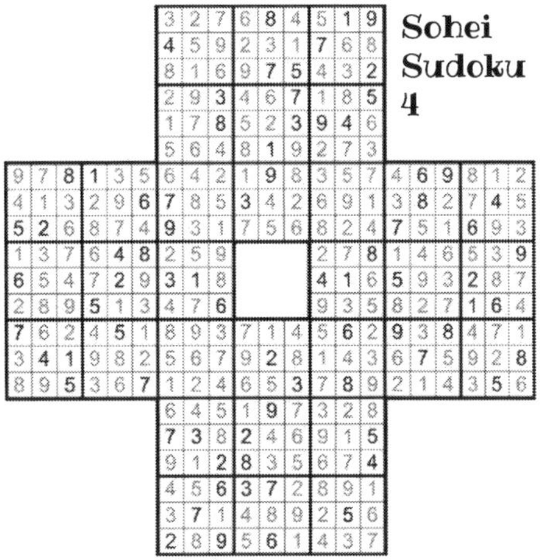

Windoku 6

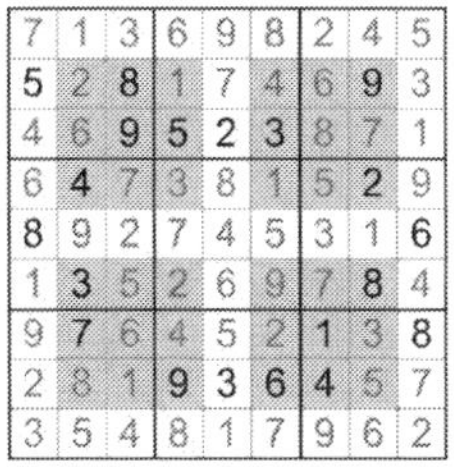

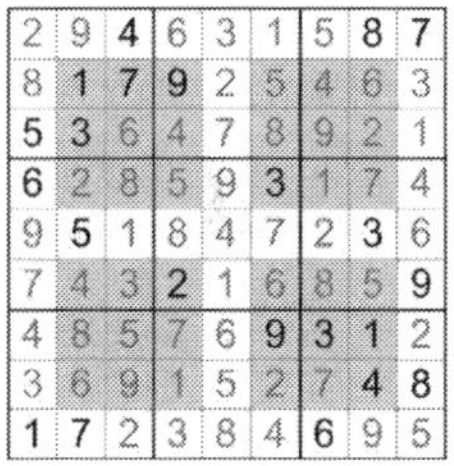

Sohei Sudoku 5

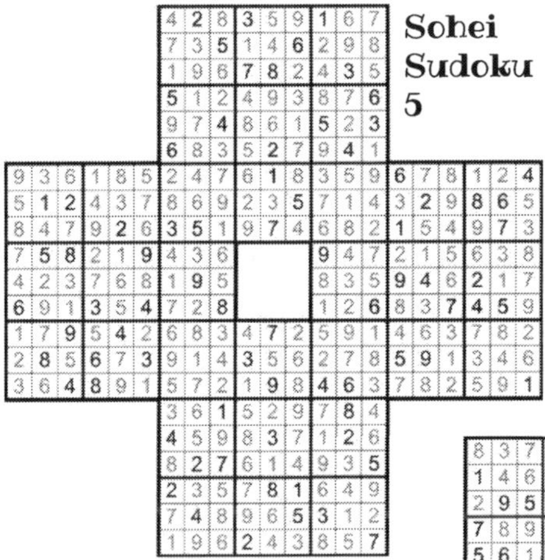

Sohei Sudoku 6

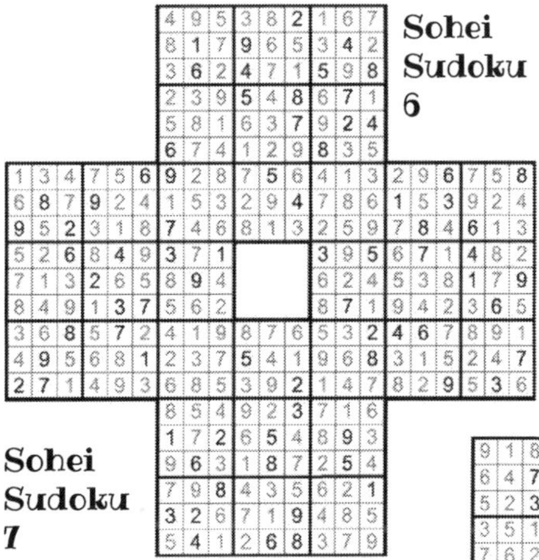

Windoku 7

Windoku 8

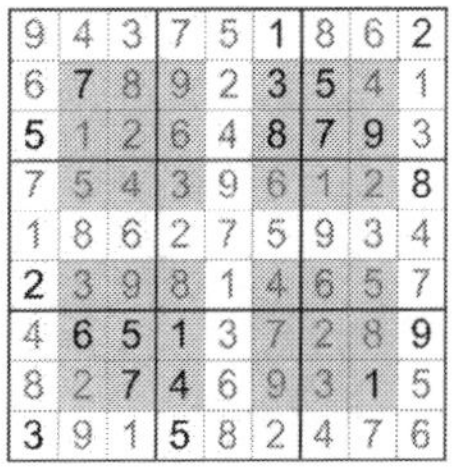

Sohei Sudoku 7

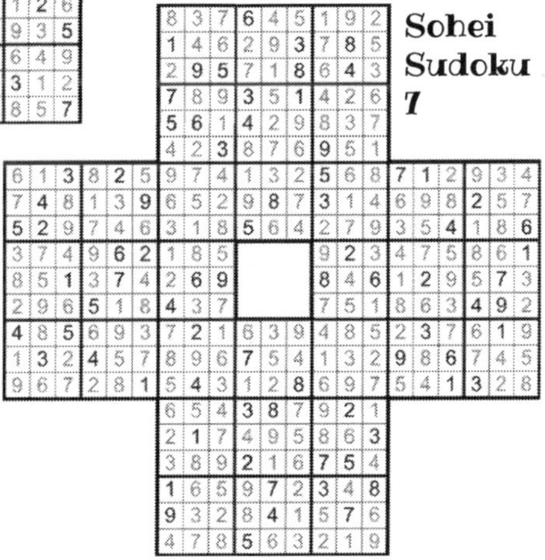

Sohei Sudoku 8

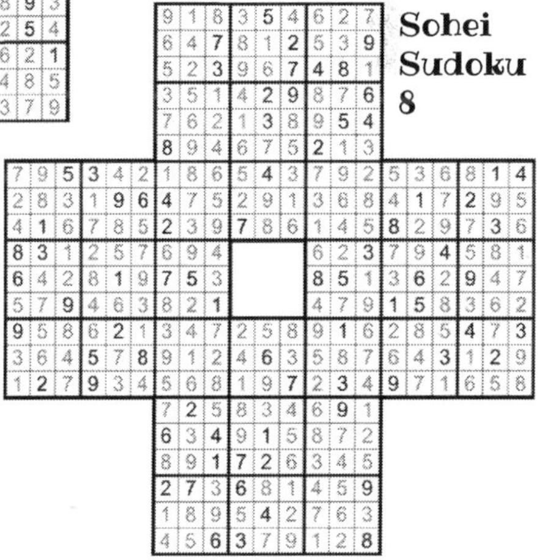

QUIZ:

Q1) Risposta B, Agrigento.

Q2) Risposta B Matteo Boiardo.

Q3) Risposta B, attracco.

Q4) Risposta A, L'unione dei 5 continenti.

Q5) Risposta A, 1948.

Sudoku Samurai 1

Sudoku Samurai 2

Cruciverba 1

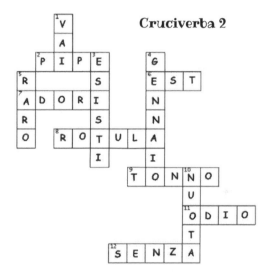

Cruciverba 2

Q6) Risposta B, Zeus.

Q7) Risposta B, 212,54 metri.

Q8) Risposta B, Mosca 1980.

Q9) Risposta B, 1 Oro Atlanta 1996 - 1 Bronzo Atene 2004.

Q10) Risposta C. Nel 1988 a Seul l'oro di Ben Johnson viene revocato per doping e passa al collo ci Carl Lewis

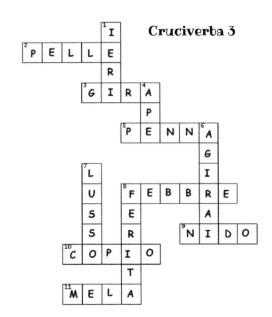

Cruciverba 3

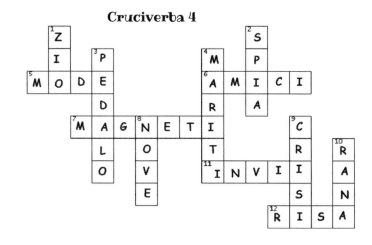

Cruciverba 4

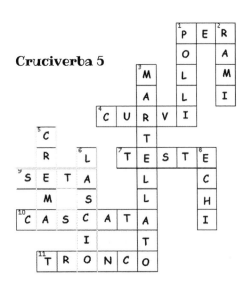

Cruciverba 5

Tabella 1	Tabella 2	Tabella 3
Aggiuntivo	Rotocalco	Anticamera
Mutuo	Caravan	Microonde
Prescritti	Straziante	Credenza
Sicurezza	Rimorchio	Spugna
Setacciato	Corroborare	Fisarmonica
Affumicato	Incredulità	Armonico
Ignorante	Logoro	Mellofono
Frenologia	Sonnambulanza	Tamburello
Soliloquio	Commutazione	Partecipanti
Sgargianti	Chiassoso	prodotti

Tabella 4	Tabella 5	Tabella 6
Cimitero	Comandamento	Amperometro
Celebrare	Paradiso	Voltmetro
Cristiano	Osservare	Attuale
Parente	Rispetto	Elettrone
Onore	Culto	Batteria
Ricorda	Compagnia	Interruttore
Partiti	Missione	Attrito
Tradizione	Discepoli	Attirare
Celebrare	Onestà	Statico
Preghiera	Battezzare	parallelo

Puzzle 1
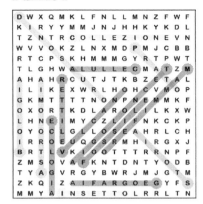

Puzzle 2
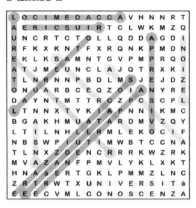

Puzzle 3
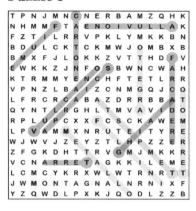

Puzzle 4
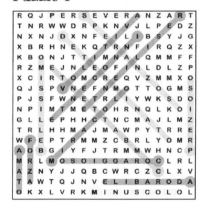

Puzzle 5
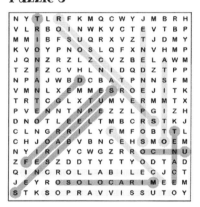

Puzzle 6
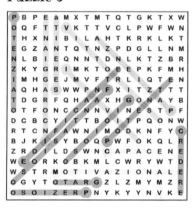

ADDING MADNESS

Schema 1

	184	238	153	244	284	
263	18	96	28	24	97	263
153	71	**39**	7	9	27	153
185	2	30	**5**	50	**98**	185
227	84	**27**	35	77	4	227
275	9	46	78	84	58	275
	184	238	153	244	284	

Schema 2

	290	333	281	283	279	
396	91	78	81	87	59	396
240	45	84	50	18	43	240
166	12	**11**	21	64	**58**	166
345	65	65	95	45	75	345
319	77	**95**	34	69	44	319
	290	333	281	283	279	

Schema 3

	296	347	354	321	297	
399	98	92	79	96	34	399
352	**69**	53	88	70	72	352
301	35	70	70	81	45	301
238	**35**	47	46	28	82	238
325	59	85	71	**46**	64	325
	296	347	354	321	297	

Schema 4

	228	309	218	196	192	
219	59	68	11	15	66	219
188	65	9	74	26	14	188
226	19	57	18	**51**	81	226
278	**12**	89	67	99	11	278
232	73	**86**	48	5	20	232
	228	309	218	196	192	

Scarabeo 1

Affittato, Variazione, Oroscopo, Necessario, Parametro, Tesoro, Telefono, Ciglio, Numerosità, Soldato, Curvatura, Meccanismo, Intenzione, Acquisita

Scarabeo 2

Contrassegnare, Detective, Pubblicità, Automaticamente, Attuale, Meteorologico, Tirare, Arrossire, Belligerante, Speranza, Sottomesso, Borsa, Coclea, Calcolatrice, Insegnante, Metereologo

Scarabeo 3

Pubblicazione, Importante, Periodicamente, Precisione, Divertente, Guarda, Riflettente, Enterobatteri, Giocoso, Emergenza, Dispositivo, Religioni, Inorridito, Schiarimento, Spalle, Gioco

Scarabeo 4

Ghiaccio, Foche, Oceano, Ambiente, Congelamento, Conservazione, Esploratori, Freddo, Fusione, Balene, Temperatura, Pesce, Inquinamento, Habitat, Pinguini

Scarabeo 5

Unificazione, Cataratta, Elite, Geroglifici, Commerciale, Scriba, Spedizione, Faraone, Dinastia, Nobili, Piramide, Specchio, Microonde, Tavolo

Scarabeo 6

Atleta, Giornalista, Custode, Attore, Reporter, Pilota, Ballerino, Driver, Rappresentante, Strumentista, Resistenza, Decomposizione, Eredità, Successive, Alterato

Puzzle 7

Puzzle 8

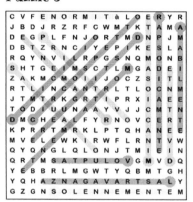

Labirinto 1

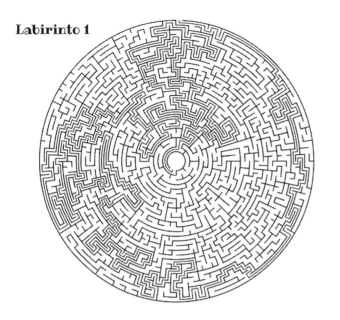

Labirinto 2

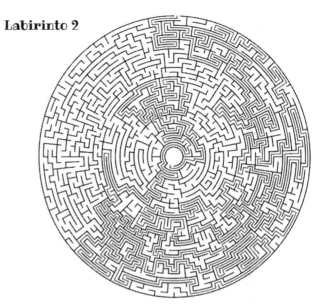

Labirinto 3

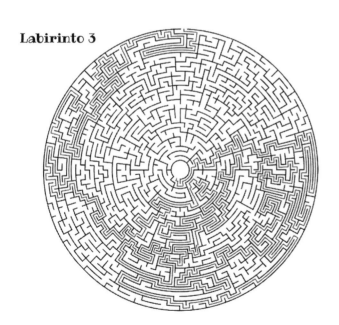

Labirinto 4

Labirinto 5

Labirinto 6

Labirinto 7

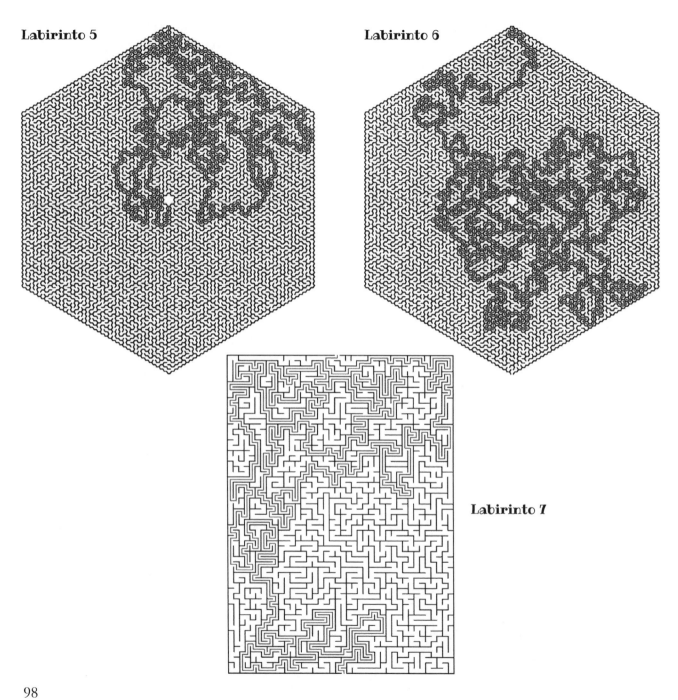

Labirinto 8

Labirinto 9

Aiutaci a far crescere il nostro brand!
Se ti è piaciuto il libro lascia una recensione ☺

Non perderti anche il primo volume: *"Cose da Fare Mentre Fai la Cacca!"*

Per domande, informazioni e feedback sul prodotto scrivi a *tictocpress@gmail.com*

Copyright by TicToc Press

In no way is it legal to reproduce, duplicate, or transmit any part of this document in either electronic means or in printed format. Recording of this publication is strictly prohibited and any storage of this document is not allowed unless with written permission from the publisher. All rights reserved.

Printed by Amazon Italia Logistica S.r.l.
Torrazza Piemonte (TO), Italy